PAUL WALLETT studierte neben seiner Lehrerausbildung in London Geographie und Kunst. Er beschäftigt sich seit fast 25 Jahren mit der Kerzenherstellung. Nach einigen Berufsjahren als Lehrer studierte er Gartenarchitektur und leitet heute eine erfolgreiche Gartenbaufirma in East Anglia. Er fertigt weiterhin Kerzen, die er oft in seine Gartengestaltungen mit einbezieht. Kerzen sind für ihn Kunst und entsprechend phantasievoll und innovativ sind auch seine Techniken. Seine Produkte liefert er u. a. an Kerzengeschäfte. Zusammen mit seiner Frau lebt er bei Saffron Walden.

IAN GILL und MICHELLE OSBORNE stellen ebenfalls schon seit Jahren Kerzen her. Sie begannen mit einem Anfänger-Set ähnlich diesem hier und entwickelten langsam ihren eigenen Stil. Heute verkaufen sie ihre Kerzen und die ebenfalls von ihnen gefertigten Kerzenständer – viele davon sind in diesem Buch zu sehen – auf Kunsthandwerksmärkten und in ihrem eigenen Geschäft.

KERZEN SELBER MACHEN

IHR NEUES HOBBY

In diesem Buch der Reihe IHR NEUES HOBBY finden Sie alle nötigen Materialien zum Herstellen der ersten eigenen Kerzen.

48 bunt illustrierte Seiten geben eine genaue Einführung in dieses phantasievolle und kreative Hobby. Auch Fortgeschrittene finden noch zahlreiche neue Ideen. Die letzten acht Seiten enthalten genaue Vorlagen.

Paul Wallett, Michelle Osborne & Ian Gill

Titel der Originalausgabe: Creative Candles-Workstation
Übersetzung aus dem Englischen: Redaktionsbüro Krumbach
Lektorat: Angelika Scheulen

1 2 3 4 5 01 00 99 98 97

SICHERHEIT BEIM KERZEN-GIESSEN

◆ Wachs bitte niemals ohne Aufsicht schmelzen lassen!

◆ Geschmolzenes Wachs nie in den Abfluss kippen.

◆ Arbeitsfläche mit Zeitung auslegen, damit Wachstropfen aufgefangen werden. Nicht in der Nähe der Wärmequelle arbeiten, damit nichts Feuer fängt.

◆ Keine Gussformen verwenden, die oben enger sind als unten – das erhärtete Wachs lässt sich nicht herausnehmen.

◆ Falls das Wachs einmal zu heiß wird (dies passiert nicht, wenn Sie ein Thermometer verwenden) und zu rauchen beginnt, Topf nicht bewegen. Falls es gar zu brennen beginnt, Flammen mit einem feuchten Lappen oder mit dem Topfdeckel ersticken; niemals direkt mit Wasser löschen!

◆ Verschüttetes Wachs kann von den meisten Oberflächen nach dem Trocknen abgehoben werden. Verunreinigungen auf Textilien werden mit dem Bügeleisen zwischen einigen Lagen Löschpapier ausgebügelt.

BRENNENDE KERZEN

◆ Lassen Sie Kerzen nie ohne Aufsicht brennen!

◆ Stellen Sie die Kerzen immer auf einen sicheren Ständer oder Halter.

◆ Halten Sie Kerzen außerhalb der Reichweite von Kindern und Haustieren.

◆ Kerzen niemals nahe bei oder auf elektrischen Geräten anzünden.

◆ Löschen Sie Kerzen lieber mit einem Metallhütchen, statt zu blasen, damit keine Funken in die Umgebung gelangen und Schaden anrichten.

◆ Kürzen Sie Dochte auf 1 cm Länge, damit die Flamme nicht zu rauchen beginnt.

◆ Falls einmal heißes Wachs auf die Haut tropft, sofort mit viel fließendem kalten Wasser abspülen.

INHALT

Einleitung

Wir, die Autoren, stellen schon seit vielen Jahren Kerzen her. Deshalb sind wir sicher, dass auch Sie beim Nacharbeiten der vorgestellten Ideen viel Spaß haben werden. Beachten Sie aber bitte immer die Sicherheitshinweise am Anfang. Sie sollten alle Anleitungen sorgfältig und konzentriert ausführen, damit durch heißes Wachs und beim Abbrennen der Kerzen kein Schaden entsteht. Lesen Sie bitte zunächst die komplette Anleitung durch, bevor Sie mit der Arbeit beginnen.

In diesem Buch finden Sie viele Anregungen, wie Sie die beiliegenden Materialien zu verschiedenen Kerzen verarbeiten können. Wenn Sie sich erst mit den beschriebenen Techniken vertraut gemacht haben, sind der eigenen Phantasie keine Grenzen gesetzt.

Die Ergebnisse müssen nicht immer den ursprünglichen Vorstellungen entsprechen. Es macht nichts, wenn einmal etwas nicht gelingt, denn beim Arbeiten mit Wachs ist nichts verschwendet. Misslungene Stücke schmelzen Sie einfach wieder ein. Seien Sie geduldig und lernen Sie aus Fehlern, es lohnt sich.

Kerzen gibt es schon seit Jahrhunderten. Die ersten wurden aus Talg gemacht, wobei eingeschmolzene Binsen als Docht dienten. Auch das schwer zu beschaffende und daher teure echte Bienenwachs wurde schon früh zu Kerzen geformt. Diese brannten viel länger als Talgkerzen und ihre Flammen dufteten angenehmer. Sie waren aber den Wohlhabenden und der Kirche vorbehalten. Heute ist Bienenwachs erschwinglich, wie auch das beiliegende Material zeigt. Die Kerzen in der Kirche enthalten immer noch einen bestimmten Prozentsatz an Bienenwachs. Moderne Kerzen werden meist aus Paraffin mit dem Zusatz von Farb- und Duftstoffen sowie etwas Stearin hergestellt. Letzteres verlängert die Brennzeit.

Kerzen sind auf der ganzen Welt bekannt. Oft hat die brennende Kerze eine bestimmte Bedeutung. Denken Sie nur an religiöse Zeremonien, den traditionellen Geburtstagskuchen oder ein romantisches Abendessen bei Kerzenschein. Doch warum auf besondere Anlässe warten – Kerzenlicht kann uns jeden Tag verzaubern!

Schlichte Materialien und tolle Kerzen sind hier zu einem romantischen Arrangement kombiniert.

DIE GRUND-AUSSTATTUNG

Kerzen können Sie ohne großen Materialaufwand und umfangreiches Zubehör herstellen. Wenn Sie sich an die anfänglich erwähnten Sicherheitsvorschriften halten, ist es eine reizvolle und kurzweilige Beschäftigung. Experimentieren Sie mit unterschiedlichen Formen, Farben und Strukturen – ganz nach Ihrem persönlichen Geschmack.
Mit dem beiliegenden Material und den dazugehörigen Anleitungen können Sie eine Rollkerze aus Bienenwachs sowie Schwimmkerzen anfertigen. Größere Projekte erfordern weiteres Material. Wachs und Dochte erhalten Sie in Bastelgeschäften. Sonstige Hilfsmittel sind unter den einzelnen Projekten erwähnt. Viele davon finden Sie sicher in Ihrem Haushalt oder können Sie ohne größeren Aufwand kaufen.

Material und Hilfsmittel zur Kerzenherstellung

Wasserbad
Wenn Sie nicht eine fertige Vorrichtung kaufen, stellen Sie einfach ein hitzefestes Gefäß (z. B. Konservendose) in einen mit etwas

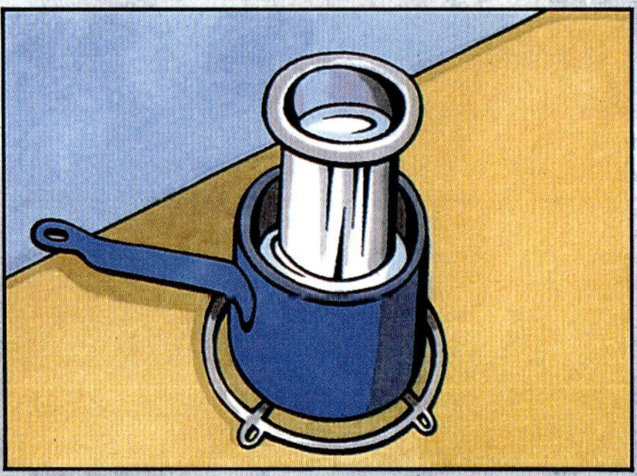

Wasser gefüllten Topf. Fast jedes Wachs lässt sich im Wasserbad sicherer und gleichmäßiger als direkt auf der Herdplatte schmelzen.

Bienenwachsplatten

Nur wenige Techniken erfordern größere Hitze. ***Also bitte den Topf mit Wachs nicht direkt auf die Herdplatte stellen!***

Thermometer
Ein Braten- oder Einkochthermometer ist ideal zum Bestimmen der gewünschten Wachstemperatur.

Dochtnadel
Sie dient zum Durchziehen von Dochten durch den Wachsblock, wenn der Docht nicht direkt mit eingeschmolzen wird.

Metallstift
Manchmal wird ein Docht an dieser Verstärkung befestigt, damit er durch die Kerze gezogen werden kann.

Dochtkitt
Mit dieser Masse wird der Docht an der Gussform festgeklebt.

Paraffin
Der wichtigste Rohstoff bei der Kerzenherstellung wird am besten als Granulat gekauft. So ist er am leichtesten zu handhaben.

Bienenwachs
Bienenwachs ist viel teurer. Es wird ebenfalls in Granulatform oder in Platten verkauft. Geben Sie 1–5 % Bienenwachs zum Paraffin, damit die Kerzen besser

Weiteres Material

Alle hier gezeigten Materialien sind auch in kleinen Mengen in Bastelgeschäften erhältlich.

brennen. Reines Bienenwachs ist beim Gießen schwieriger zu handhaben.

Stearin

Dieses Wachs wird meist zu 10 % dem Paraffin beigegeben, um die Kerze später leichter aus der Form lösen zu können. Verwenden Sie Stearin nicht in Gummiformen. Es macht die Kerzen weniger durchscheinend, die Farben klarer und verhindert das Tropfen.

Mikrokristallines Wachs

Dieses Material wird in harter und weicher Form angeboten. Das weiche Wachs wird zum Modellieren von Kerzen verwendet, da es sich auch kalt formen lässt. In kleinen Mengen wird es Eiskerzen aus Paraffin zugegeben. Die harte Variante hat einen höheren Schmelzpunkt und wird in kleinen Mengen (1 %) beigemischt, um die Brennzeit der Kerzen zu verlängern.

Zusatzpulver

Diese Beigabe macht Kerzen ebenfalls fester und verlängert die Brenndauer (1 % der Gesamtmenge beimischen).

Vaseline

In kleinen Mengen wird Vaseline mit mikrokristallinem Wachs und Paraffin zu Modellierwachs vermischt.

Dochte

Die meisten Dochte bestehen aus geflochtener Baumwolle. Manche enthalten einen Metallkern und werden für Kerzen in Gefäßen oder zum Durchziehen durch den gegossenen Wachsblock verwendet.
Die Dochtdicke muss immer auf die Dicke der Kerze abgestimmt werden. Bei zu dickem Docht würde die Kerze rauchen und schnell abbrennen, bei zu dünnem die Flamme ertrinken.
Die Dochtdicke wird nach der Dicke der Kerze bezeichnet. Ein „75-mm-Docht“ eignet sich also für eine Kerze mit 75 mm Durchmesser. Für reines Bienenwachs wählen Sie den Docht etwas dicker.

Farbstoffe

Wachsfarben werden in Pulverform, als Tabletten oder als Farbstäbe angeboten. Um kleine Mengen zu färben, eignen sich am besten Tabletten. Beim Erstarren verändert sich die Farbe des Wachses. Sie können die endgültige Farbgebung austesten, indem Sie eine kleine Menge flüssiges Wachs mit dem Löffel herausnehmen und in einem weiten, flachen Gefäß erstarren lassen. Am schönsten sind Kerzen, die als Ganzes leuchten. Dieser Effekt wird durch Zugabe von etwas Stearin und die sparsame Verwendung von Farbstoffen erreicht. Pastelltöne erreichen Sie

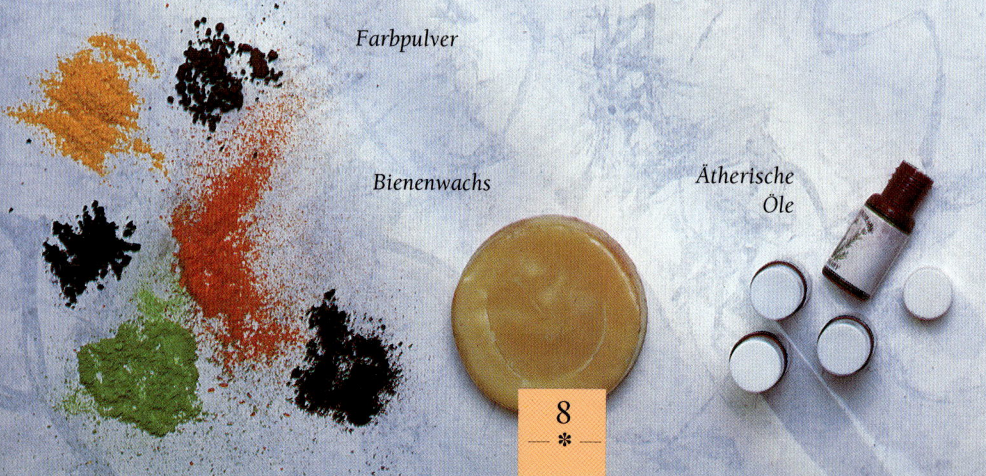

durch „Perlweiß"-Wachsfarben. Benutzen Sie bitte nur spezielle Wachsfarben. Wachsmalkreiden schmelzen zwar auch, ergeben aber beim Abbrennen der Kerze unschöne Verunreinigungen.

Duftstoffe
Besondere Duftöle und normale ätherische Öle werden dem Wachs zugesetzt und verbreiten beim Abbrennen der Kerze ihr angenehmes Aroma. Sie werden vor dem Gießen in das flüssige Wachs eingerührt.
Verwenden Sie höchstens zehn Tropfen Öl pro Kilo Wachs und dosieren Sie mit einer Pipette. Sie können auch erst beim Abbrennen der fertigen Kerze ein paar Tropfen Duftöl in die Nähe des Dochtes tropfen. In diesem Fall hält der Duft allerdings nicht so lange an.

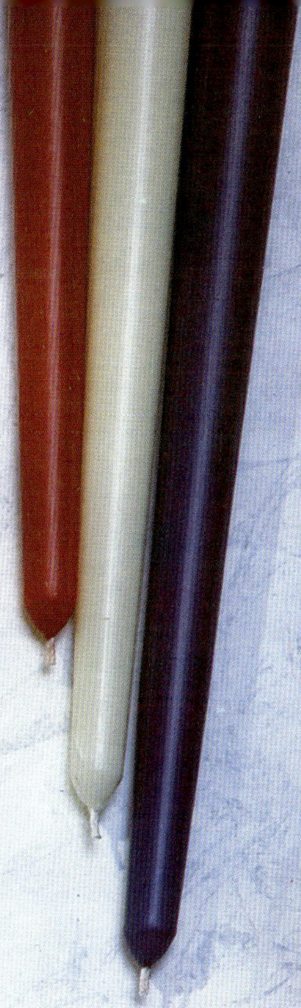

Gezogene Kerzen

Grundschritte beim Kerzengießen

Wachs schmelzen
Am besten verwenden Sie eine Mischung aus 90 % Paraffin und 10 % Stearin. Schmelzen Sie das Wachs im Wasserbad, wie auf Seite 6 beschrieben.
Zuerst wird das Stearin verflüssigt und mit der Farbe gemischt (zunächst sparsam). Gut umrühren und das Paraffin zugeben. Weitere Stoffe können anschließend nach Bedarf beigefügt werden.
Kontrollieren Sie die Temperatur des schmelzenden Wachses mit einem Thermometer und lassen Sie das Wachs nie unbeaufsichtigt!
Wachs, Formen und Dochte müssen sauber und trocken sein. Vor dem Gießen leicht angewärmte Formen ergeben die schönsten Resultate. Die meisten Gussformen lassen sich mit Brennspiritus reinigen.

Vorbereiten der Dochte
Um ein gutes Ergebnis zu erzielen, sollte der Docht vor dem Einziehen versteift werden. Dazu halten Sie die gewünschte Länge eine Minute in geschmolzenes Wachs. Beachten Sie bitte, dass der Docht einige Zentimeter länger als die Kerze sein muss. Dann wird er herausgenommen, gerade gezogen und hängend oder auf Wachspapier liegend getrocknet.
Die Dochte von brennenden Kerzen sollten regelmäßig mit einer kleinen Schere auf 1 cm Länge abgeschnitten werden, damit sie nicht rauchen und zu schnell abbrennen.

Maßangaben:
1 TL Wachs wiegt etwa 25 g.
1 l flüssiges Wachs entspricht etwa 900 g erhärtetem Wachs.

Ein Paar reine Bienenwachskerzen, zum Trocknen aufgehängt.

KERZEN ZIEHEN

Das Kerzenziehen ist eine der ältesten Herstellungsmethoden. Es erfordert etwas Geduld, bringt aber hervorragende Ergebnisse. Der Docht wird immer wieder in flüssiges Wachs getaucht, wobei sich jedes Mal eine neue Schicht um die Kerze legt.

SIE BRAUCHEN:

◆ Grundausstattung zum Kerzen gießen ◆ etwa 4 kg Paraffin, je nach Größe des Schmelzgefäßes (das auch die Länge der fertigen Kerzen bestimmt) ◆ 5 % Bienenwachs ◆ einen etwa 20 cm breiten Topf, der mindestens 3 cm höher als die fertigen Kerzen ist ◆ 12,5-mm-Docht in der für die Kerze gewünschten Länge ◆ Vorrichtung zum Trocknen der Kerzen ◆ Farbstoffe

1. *Das Wachs im Wasserbad auf etwa 71 °C erhitzen und diese Temperatur möglichst beibehalten.*

Traditionellerweise werden gezogene Kerzen immer paarweise hergestellt, auch wenn sich manchmal Schwierigkeiten durch Zusammenkleben ergeben. Für den Anfang können Sie sich das Arbeiten jedoch erleichtern, wenn Sie nur eine einzelne Kerze ziehen.

2. *Docht zum Versteifen zunächst in flüssiges Wachs tauchen, gerade ziehen und zum Erstarren aufhängen. Wenn Sie Kerzenpaare ziehen, zwischen beiden Dochthälften eine nicht getauchte Schlaufe zum Anfassen lassen.*

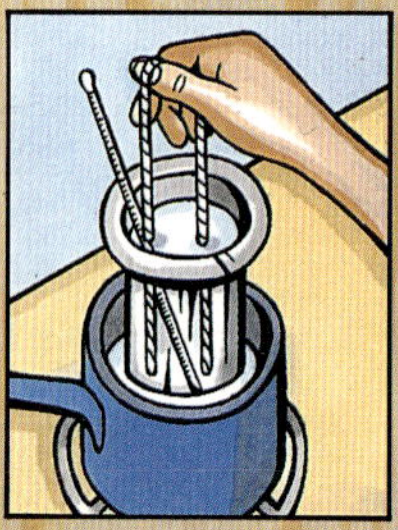

3. *Docht an einem Ende bzw. in der ungetauchten Mitte fassen und für einige Minuten ins flüssige Wachs tauchen. Zwischen den einzelnen Tauchschritten den Docht jeweils etwa eine Minute aufhängen, bis das Wachs erstarrt ist; Kerze immer wieder eintauchen, bis sie die gewünschte Dicke hat (nach etwa 20 bis 25 Minuten).*

4. *Wenn die endgültige Kerzendicke erreicht ist, restliches Wachs auf 82 °C erhitzen. Kerzen nacheinander noch jeweils zweimal für drei Sekunden eintauchen und zwischen den Durchgängen je eine Minute trocknen lassen. Dadurch erhält die Oberfläche einen glatten, professionell wirkenden Abschluss. Abschließend den Boden jeder Kerze gerade abschneiden und die fertige Kerze eine Stunde trocknen lassen.*

Farbig getauchte Kerzen

Gezogene Kerzen können durchgehend farbig sein, indem man das gesamte Wachs färbt. Besser durchscheinend wirken allerdings weiße Kerzen, die nur außen eine bunte Farbschicht erhalten.

1. *Eine kleine Menge Farbe und Wachs schmelzen und einen Topf mit Wasser auf 80 °C erhitzen (nicht kochen!). Wachs langsam in das heiße Wasser gießen. Kerzen am Docht fassen und ins Wachs tauchen. Topf bitte nicht zu hoch füllen, damit nicht Wasser und Wachs über den Rand laufen.*

Mit dieser Methode lassen sich auch mehrere Schichten aufbringen. Wenn Sie die Kerze zwischendurch immer wieder abkühlen lassen, können Sie die Farbschicht dicker machen oder mit unterschiedlichen Farben geringelte Kerzen herstellen.

Gezogene Kerzen in vielen Farben

KERZEN GIESSEN

Die meisten industriell hergestellten Kerzen sind gegossen. Das flüssige Wachs wird dabei in eine speziell präparierte Gussform gefüllt und nach dem Erstarren herausgenommen. Bastelläden haben Gussformen aus verschiedenen Materialien zur Auswahl: Plastik, Metall und Gummi in Zylinder-, Stern-, Kugel-, Kegel-, Obst- oder sonstigen Formen. Auch im Haushalt finden Sie geeignete Gefäße: Sie müssen hitzebeständig sein und die fertige Kerze darf nicht stecken bleiben. Die beschriebene Methode des Kerzengießens wird bei allen Formen angewandt, auch wenn das Wachs – je nach Material – unterschiedliche Temperaturen haben muss (s. Tabelle Seite 15). Für die Kegelkerzen unten wurde eine Form mithilfe der Schablone 1 im Anhang dieses Buches angefertigt.

Die hübschen Kegelkerzen und die Sternkerze entstanden nach derselben Methode.

SIE BRAUCHEN:

◆ Grundausstattung zum Kerzengießen ◆ 225 g Paraffin und 25 g Stearin ◆ 1/8 Farbtablette ◆ 37-mm-Docht 15 cm lang ◆ starken, flexiblen Karton für die Gussform ◆ Kreppband ◆ Bleistift und Schere ◆ Glas zum Stützen der Gussform ◆ Schablone 1

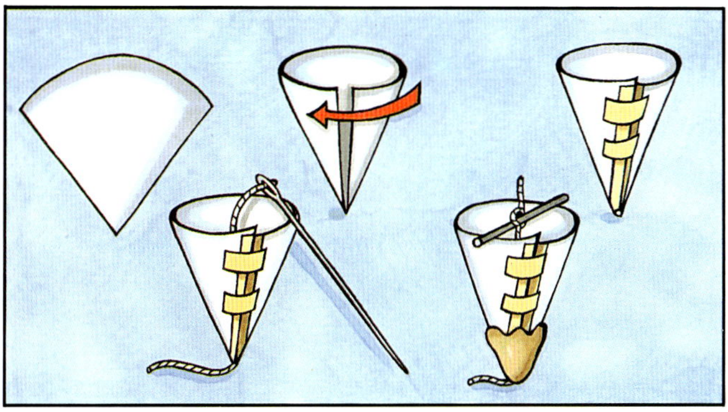

1. *Die Umrisse der Schablone 1 auf dem Karton markieren, ausschneiden, trichterförmig zusammenfügen und mit dem Kreppband gut verkleben. Unten ein kleines Loch für den Docht lassen, mit der Nadel den getauchten Docht durch die Kegelspitze ziehen und oben an einem Stäbchen festknoten. Docht straffen und an der Kegelspitze von außen mit Dochtkitt festkleben. Kegel in ein Glasgefäß stellen.*

2. *Stearin im Wasserbad erhitzen, Farbe zufügen und gut mischen. Paraffin zugeben und die Wachsmischung auf 71 °C erhitzen.*

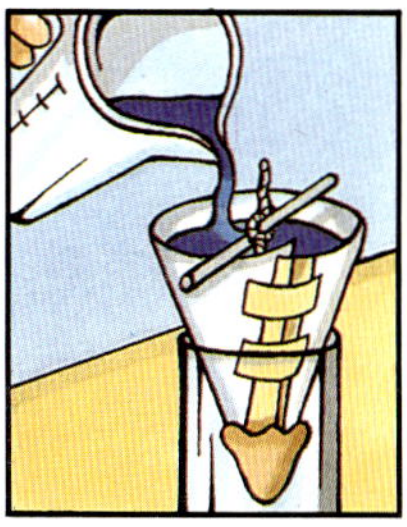

3. *Wachs nun vorsichtig in die Form gießen. Nach einigen Minuten leicht schütteln, damit eventuelle Luftblasen zur Oberfläche steigen.*

Normale Gussformen würden anschließend in einen Topf mit kaltem Wasser gestellt, das fast bis zum Formrand reicht, damit sie schneller abkühlen. Bei der Papierform ist das allerdings nicht angebracht.

4. *Die Wachsmasse schrumpft beim Erstarren leicht ein, es bildet sich nach etwa einer Stunde eine Vertiefung am Docht. Deshalb die Oberfläche um den Docht herum mit einer Nadel einstechen und die „Grube" nochmals mit 93 °C heißem Wachs auffüllen. Es sprudelt beim Gießen, deshalb bitte darauf achten, dass das Wachs nicht über den Formrand hinausläuft. Wenn die Vertiefung nicht gefüllt wird, kann der Docht beim Abbrennen der Kerze leicht umkippen.*

5. *Nun die Kerze komplett abkühlen lassen, am besten über Nacht. Dochtkitt entfernen (kann weiter verwendet werden), die Kartonform ist nur einmal zu gebrauchen. Wenn die Kerze eine Linie vom Kartonansatz zeigt, diese mit einem scharfen Messer abschneiden. Boden ebenfalls mit dem Messer glätten oder kurz auf einen glatten, heißen Pfannenboden halten. Docht oben auf 1 cm Länge kürzen.*

GUSSFORMEN

Wenn Sie die auf den letzten Seiten beschriebene Technik beherrschen, schauen Sie sich nach weiteren Gussformen um. Viele Haushaltsgegenstände lassen sich hier günstig zweckentfremden. Natürlich bieten auch Bastelläden und Spezialgeschäfte ebenso wie Haushaltsgeschäfte eine reiche Auswahl.

WAS SIE NOCH VERWENDEN KÖNNEN:

◆ Blechförmchen für Petit fours ◆ Puddingförmchen ◆ leere Plastikdosen ◆ Jogurtbecher ◆ Kuchenformen ◆ Tablettenröhrchen ◆ Blechdosen ◆ Milchkartons ◆ Papprollen von Küchenkrepp ◆ Pappbecher ◆ Gläser ◆ Eierschalen ◆ Plastikrohre

Prüfen Sie zunächst, ob eine Form Hitze aushält, indem Sie kochendes Wasser einfüllen (vorsichtig über der Spüle, mit Handschuhen arbeiten!). Wenn sie sich nicht verzieht, ist sie zum Wachsgießen geeignet. Nach dem Test die Form wieder gut austrocknen.

Wenn möglich, bringen Sie am Gefäßboden ein Loch für den Docht an und kleben diesen mit Dochtkitt fest.

Falls dies nicht geht, ziehen Sie den vorgetauchten oder metallverstärkten Docht später durch die Kerze. Dazu mit der erhitzten Dochtnadel eine „Röhre“ durch das Wachs stechen. An einem Dochtende einen Knoten machen, damit sich der Faden nicht ganz durchzieht, wenn er eingefädelt wird.

Sobald Sie mit dem Kerzengießen angefangen haben, werfen Sie nie mehr ein Gefäß weg, das als Gussform dienen könnte. Immer wieder ergeben sich neue Möglichkeiten. Denken Sie aber bitte immer an die Sicherheitsregeln. Wenn die fertige Kerze Ihnen nicht gefällt, wird sie einfach eingeschmolzen und wieder verwendet. Oft ergeben sich aber

Mithilfe von Gummiformen lassen sich echt aussehende Früchte wie diese Orange hier gießen.

durch „Fehler" interessante neue Formen, die Sie in keinem Geschäft kaufen können.

Gummiformen

Flexible Gummiformen erhalten Sie in spezialisierten Bastelgeschäften. Grundsätzlich ist der Gießvorgang derselbe wie bei starren Formen. Verwenden Sie aber bitte nie Stearin, da es die Gummioberfläche angreift. Wenn Sie ein Loch für den Docht in die Form stechen, halten Sie es so klein wie möglich, damit kein Wachs abläuft. Beim Gießen muss die weiche Form abgestützt werden.

Die flexiblen Gummiformen können sich beim Erstarren des Wachses leicht verziehen. Daher die Wachsoberfläche rund um den Docht während des Trocknens mehrfach einstechen.

Vor dem Herausnehmen schmieren Sie die Gummiformen an der Außenseite mit Spülmittel ein und ziehen die Wände vorsichtig von der erstarrten Kerze. Aus starren Gussformen können die Kerzen nach dem Trocknen leicht herausgezogen werden.

WACHSTEMPERATUR BEIM GIESSEN

◆

Papier- oder Kartonformen 71 °C

◆

Gekaufte Plastikformen 71 °C

◆

Improvisierte Plastikformen 71 °C

◆

Glasformen 71 °C

◆

Gummiformen 93 °C

◆

Metallformen 93 °C

Einige Gussformen, die der Haushalt liefert, mit den darin gegossenen Kerzen.

SCHICHTKERZEN

Mehrfarbige Kerzen lassen sich am einfachsten aus mehreren Wachsschichten, die nacheinander in die Form gegossen werden, herstellen. Waagerechte Streifenmuster entstehen, wenn die Form beim Gießen gerade steht. Kippen Sie die Form dagegen in einen bestimmten Winkel, liegen die Schichten schräg. Auch eine Kombination ist möglich. Für sehr dünne Schichten verwenden Sie am besten kräftig eingefärbtes Wachs. Benutzen Sie die bereits vorne beschriebene Kegelform aus Karton oder beliebige andere feste Gussformen – wenn möglich sollten sie transparent sein, damit Sie den Aufbau genau verfolgen können.

SIE BRAUCHEN:

◆ Grundausstattung zum Kerzengießen ◆ genügend Wachs für die entsprechende Gussform (90 % Paraffin, 10 % Stearin), eventuell Wachsreste von alten Kerzen ◆ Docht und Dochtkitt ◆ Farbstoffe ◆ Vorrichtung zum Schrägstellen der Gussform

1. *Den Docht wie anfangs beschrieben durch die Form ziehen, unten mit Kitt und oben an einem quer liegenden Stäbchen befestigen.*

2. *Wachsmischung für die erste Schicht schmelzen und auf 82 °C erhitzen. Wenn Sie waagerechte Streifen gießen möchten, wird die Form gerade aufgestellt. Für schräge Streifen passen Sie die Form schräg in einen Behälter ein und fixieren sie vor dem Gießen gut, damit sie nicht kippt.*

3. Die erste Schicht gießen und erstarren lassen. Stechen Sie die Oberfläche vorsichtig mit einem Bleistift an, um festzustellen, wie hart sie ist. Für klar abgegrenzte Streifenmuster müssen die einzelnen Schichten jeweils ganz aushärten. Wenn sich die Ränder vermischen sollen, gießen Sie die nächste Schicht auf die noch weiche vorherige.

4. Form unten abstützen, wenn ein anderer Winkel gewünscht wird. Die nächste Wachsschicht mit einer Temperatur von 93 °C in einer anderen Farbe aufgießen. Abkühlen lassen und zum Schluss die Kerze oben mit 93 °C heißem Wachs auffüllen, damit sich ein gerader Abschluss bildet.

5. Wenn das Wachs vollkommen erstarrt und ausgehärtet ist, wird die Kerze aus der Form genommen und der Docht gekürzt. Die Standfläche wird begradigt, indem sie kurz auf einen heißen Pfannenboden gehalten wird.

Schichtkerzen lassen sich auch mit metallenen Petit-four-Förmchen, herstellen. Diese sind in guten Haushaltsgeschäften in unterschiedlichen Formen erhältlich. Verwenden Sie Wachsreste, die Sie schmelzen und in die Förmchen füllen, herausnehmen und zu Kerzen beliebiger Höhe kombinieren. Dazu jeden Wachsblock mit der erhitzten Nadel durchstechen und alle zusammen mit 25-mm-Docht aufschnüren. Etwas geschmolzenes Wachs hält die Blöcke zusammen. Bitte darauf achten, dass die Kerze gerade wird.

Besonders gut kommen selbst gemachte Schichtkerzen zur Geltung, wenn sie auf farblich abgestimmten Kerzenhaltern präsentiert werden.

Bienenwachskerzen

Echtes Bienenwachs ist in Platten mit Wabenmuster erhältlich – entweder in seinem natürlichen Goldton oder gefärbt. Die Musterung bleibt beim Rollen erhalten. Beim Abbrennen verströmen Bienenwachskerzen einen angenehmen Honigduft.

Gerollte Bienenwachskerzen

SIE BRAUCHEN:

◆ 1 Platte echtes Bienenwachs ◆ Lineal ◆ Docht ◆ Messer oder Cutter

Das Bienenwachs lässt sich normalerweise mit den Fingern leicht formen. Falls nicht, können Sie es mit dem Fön erwärmen.

1. *Die Bienenwachsplatte auf eine saubere, flache Arbeitsfläche legen und einen Docht zurechtschneiden. Er sollte 1 cm länger als die Schmalseite der Wachsplatte sein.*

2. *Den Docht auf eine der Schmalseiten der Wachsplatte legen und leicht andrücken. Wachsplatte vorsichtig über den Docht biegen und langsam aufrollen. Dabei immer darauf achten, dass der zukünftige Kerzenboden eben bleibt.*

3. *Die Schichten sollten gut angedrückt werden. Am Ende die Kante nochmals extra festdrücken, damit sich die Kerze später nicht aufwickeln kann.*

4. *Docht auf 1 cm einkürzen und in etwas Bienenwachs rollen, damit er aufrecht stehen bleibt und gut angezündet werden kann. So einfach haben Sie Ihre erste echte Wachskerze gemacht!*
Auch diese Herstellungsmethode bietet viele Möglichkeiten – von der einfachen Rollkerze bis zu raffinierten Gebilden. Die Größe ist variabel. Auch geschwungene oder verformte Kerzen lassen sich mit Wachsplatten herstellen.

Platten aus echtem Bienenwachs werden meist in einer Größe von 20 x 34 cm verkauft. Sie sind in Bastelläden, Kerzengeschäften und in Spezialgeschäften für Imkereibedarf erhältlich.

Weitere Kerzen aus Wachsplatten

SIE BRAUCHEN:

◆ 1 Platte echtes Bienenwachs ◆ Lineal ◆ Docht ◆ Messer oder Cutter

(aus jeder rechteckigen Wachsplatte erhalten Sie zwei spiralenförmige Kerzen)

1. *Die Wachsplatte auf eine gerade Arbeitsfläche legen. Das Lineal diagonal von einer Ecke zur anderen ansetzen und mit dem Messer entlangfahren, so dass die Platte in zwei längliche Dreiecke geteilt wird.*

2. *Den Docht auflegen und die Wachsplatte aufrollen, so dass sich eine gerade Standfläche ergibt (siehe Zeichnung Seite 20).*

3. *Alle beim Schneiden anfallenden Reste werden dem Paraffin für andere Kerzen beigemischt, sie erhöhen die Brenndauer.*

Schwimmkerzen

Schwimmkerzen werden ähnlich wie gegossene Kerzen hergestellt. Allerdings erhalten sie ihren Docht erst nachträglich.

SIE BRAUCHEN:

◆ Grundausstattung zum Kerzengießen ◆ beiliegendes Metallförmchen ◆ beiliegenden Docht

1. *Wachs wie anfänglich beschrieben schmelzen. Wenn es ganz flüssig ist, ein 2 cm langes Dochtstück eintauchen, damit es steif wird (bitte dabei nicht die Finger verbrennen!).*

2. *Docht zum Trocknen gerade auslegen. Nach Belieben Duftöl und weitere Farbstoffe zum Wachs geben. Das Wachs in die Metallform gießen. Nach etwa fünf Minuten beginnt sich eine Haut auf der Oberfläche zu bilden. Jetzt das vorbereitete Dochtstück in die Mitte der Kerze stecken und kurz festhalten, damit es nicht umkippt.*

3. *Die Kerzenform für einige Stunden in den Kühlschrank stellen, bis das Wachs ausgehärtet ist. Wenn Sie nun die Form umstülpen, fällt die fertige Kerze einfach heraus.*

4. *Die Kerze schwimmt auf dem Wasser. Verwenden Sie bitte nur feuerfeste Gefäße als Behälter für Schwimmkerzen.*

GUSSFORMEN FÜR SCHWIMMKERZEN

- Eiswürfeltablett aus dem Kühlschrank
- Pralinenformen
- Gekaufte Formen für Schwimmkerzen in vielen Größen und Formen

Für dieses tolle Arrangement wurden Schwimmkerzen in verschiedenen Formen gegossen.

HANDGEFORMTE KERZEN

Wachs ist so formbar, dass Sie es fast in jede gewünschte Form bringen können. Nicht einmal Gussformen sind nötig. Durch Mischen verschiedener Wachsarten aus Spezialgeschäften können Sie ein elastisches Modellierwachs herstellen, das wie Ton mit der Hand bearbeitet wird. Steine, Früchte oder frei gestaltete Skulpturen können damit geformt werden. Die fertige Kerze kann nach dem Erhärten mit einem Docht und mit einer weiteren Farbschicht (Methode Seite 10/11) versehen werden.

Kerzen in Steinform

SIE BRAUCHEN:

◆ Grundausstattung zum Kerzengießen ◆ 300 g mikrokristallines, weiches Wachs ◆ 90 g Paraffin ◆ 3 g Vaseline ◆ 12,5-mm-Docht für kleine und 40-mm-Docht für große Steine ◆ Wachsfarbe ◆ Stearin für die abschließende Farbschicht

1. *Das mikrokristalline Wachs und das Paraffin im Wasserbad schmelzen und Vaseline zugeben, gut durchrühren.*

2. *Mischung abkühlen lassen, bis sie lauwarm ist und sich gut anfassen lässt. Wenn sie zu starr wird, auf einen Löffel legen und für einige Sekunden in geschmolzenes Wachs (Temperatur 71 °C) tauchen.*

3. *Die gewünschte Menge Wachs zu einem Stein formen. Schauen Sie sich zunächst echte Flusssteine oder Kiesel an, um möglichst realistische Formen zu modellieren.*

4. *Den fertigen „Stein" etwas härten lassen, bevor der Docht eingezogen wird.*

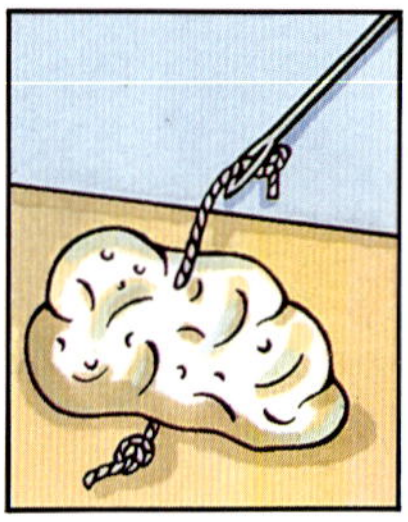

5. *Mit der Nadel ein Loch – möglichst in der Mitte – durch das Wachs stechen. Ein passendes Stück Docht abschneiden, in Wachs tauchen und härten lassen. An einem Ende einen Knoten machen und den Docht durch das Loch fädeln. Der Knoten hält den Docht unten fest.*

Wenn die Kerzen völlig erkaltet sind, können sie in Wachs mit anderen Farbtönen getaucht werden und erhalten so den letzten Schliff. Die Methode ist auf Seite 11 beschrieben. Hierzu eignet sich am besten eine Mischung aus 30 % Paraffin und 70 % Stearin, im gewünschten Farbton eingefärbt. Wenn Sie das Mischungsverhältnis abwandeln, erhalten Sie verschiedenartige Oberflächen. Ein weites Feld für Experimente!

WÜRFELKERZEN

Weitere interessante Effekte ergeben sich, wenn Sie dem flüssigen Wachs feste Wachswürfel in kontrastierenden Farben zugeben. Die Stücke können klein oder groß, rechteckig oder unregelmäßig geformt sein. Probieren Sie verschiedene Möglichkeiten aus.

Verwenden Sie bunte Kerzenreste oder stellen Sie extra Wachswürfel her. Dazu gießen Sie geschmolzenes Wachs auf ein flaches, hitzebeständiges Tablett oder Blech. Sobald sich auf der Oberfläche eine dicke Haut gebildet hat, schneiden Sie die Wachsplatte in Würfel. Die Platte muß noch warm sein. Arbeiten Sie von den Kanten nach innen. Um unregelmäßige Formen zu erhalten, lassen Sie die Wachsplatte abkühlen und brechen sie in Stücke.

Es eignen sich auch Plastikrohre (Installationsrohre) als Gussformen. Sie werden auf die gewünschte Länge zurechtgeschnitten und unten begradigt, damit sie gut stehen. Das untere Ende wird auf harten Karton gestellt und die entstandene Rille mit Kitt oder Knetmasse abgedichtet. Vorher stechen Sie aber noch ein Loch für den Docht in den Boden.

Herstellung von Würfelkerzen

SIE BRAUCHEN:

◆ Grundausstattung zum Kerzengießen ◆ Gussform nach Belieben ◆ Docht in der passenden Länge ◆ Wachswürfel ◆ Paraffin ◆ Farbstoffe

1. *Die gewählte Gussform zunächst mit einem Docht versehen.*

2. *Gussform mit den festen Wachswürfeln auffüllen. Dabei darauf achten, dass sich der Docht nicht verschiebt. Nehmen Sie sich für diese Arbeit Zeit. Überlegen Sie sich verschiedene Farbkombinationen. Die Würfel sollten nicht bis ganz an den Rand der Gussform reichen.*

3. *Für diese Art von Kerzen bitte reines Paraffin verwenden, da die Zugabe von Stearin das Wachs undurchsichtiger macht und die Würfel verdecken würde. Da die Würfel farblich klar hervortreten sollen, wird das Paraffin nur mit wenig Farbe eingefärbt (dabei die Farbkombinationen beachten). Interessante Effekte ergeben sich auch, wenn reines, ungefärbtes Paraffin über eine Mischung bunter Wachswürfel gegossen wird.*

4. *Da die Würfel das flüssige Wachs abkühlen, muss es beim Einfüllen besonders heiß sein – etwa 104 °C. Für diese hohe Temperatur sollte das Wachs ausnahmsweise nicht im Wasserbad, sondern in einem alten Topf direkt auf der Herdplatte erhitzt werden. Bitte arbeiten Sie dabei besonders vorsichtig! Stellen Sie die abgekühlte Kerze auf den Kopf und lassen Sie sie über Nacht vollständig aushärten, bevor sie aus der Form genommen wird.*

5. *Damit die Wachsstücke noch besser zum Vorschein kommen, kann etwas Wachs von der Oberfläche abgeschmolzen werden, indem Sie die fertige Kerze in heißes (nicht kochendes) Wasser tauchen. Dazu wird die Kerze am Docht festgehalten, der entsprechend lang sein sollte. Der Wassertopf darf nicht bis zum Rand gefüllt sein, damit nichts überläuft.*

Vor dem Tauchen können Sie die Oberfläche auch mit einem scharfen Messer oder Cutter etwas abschaben, damit die bunten Wachswürfel sich besser zeigen. Wird die Kerze erheblich an Umfang verlieren, sollten Sie dies bereits bei der Wahl der Dochtdicke berücksichtigen.

Eine bunte Mischung von Würfelkerzen in vielen Farben und Formen ist nach der Anleitung oben leicht herzustellen.

SCHAUMWACHS

Bei dieser ausgefallenen Methode wird das warme Wachs mit einer Gabel oder einem Schneebesen wie Sahne geschlagen. Es ergibt sich eine Art Schnee, aus dem unterschiedliche Kerzen hergestellt werden können. Beispielsweise lässt sich der Schaum unter flüssiges Wachs heben und gibt gegossenen Kerzen ein wolkiges Aussehen. Auch echt wirkende „Schneebälle" und „Eisklötze" können Sie damit formen.

SIE BRAUCHEN:

◆ Grundausstattung zum Kerzengießen ◆ Schüssel zum Schlagen des Wachses ◆ Gabel oder Schneebesen ◆ Paraffin und Stearin (diesmal mehr als die sonst üblichen 10 % Stearin, siehe unten) ◆ Wachsfarbe nach Belieben ◆ eventuell gegossene Kerzen zum Überziehen mit einer „Eisschicht"

1. *Das Wachs im Wasserbad schmelzen. Etwa 20 % Stearin unter das Paraffin mischen, um es weißer zu machen. Nach Belieben können Sie auch Farbpigmente zufügen.*

2. *Das Wachs etwas abkühlen lassen, bis sich auf der Oberfläche eine Haut bildet. Mit einem Schneebesen oder einer Gabel gut durchschlagen, wobei die Wachsmasse nicht zu hart werden sollte.*

3. Zum Kerzengießen den Wachsschaum in eine schon mit Docht versehene Gussform füllen. Der Docht darf sich nicht verschieben. Durch Verwendung unterschiedlich fest geschlagener Wachsmassen und das Herunterdrücken des Wachsschaumes sind schöne Effekte zu erzielen. Wenn Sie das Wachs nicht weiterbearbeiten, wirkt es besonders wolkig.

4. Um eine gegossene Kerze mit einer „Eisschicht" zu überziehen, rollen Sie die Kerze einfach in dem geschlagenen Wachs, bis die Oberfläche vollständig bedeckt ist. Kerze bitte nicht zu lange in dem geschlagenen Wachs liegen lassen, da sich der gewünschte Effekt sonst verliert. Wenn Sie eine runde Kerze dick mit weißem Wachsschaum umhüllen, erhalten Sie einen „Schneeball".

Anfallende Wachsreste können selbstverständlich eingeschmolzen und weiterverwendet werden – erneut aufgeschlagen oder als normales Wachs zum Gießen.

Schlagen Sie jeweils kleine Mengen Wachs unterschiedlich lange, die Strukturen verändern sich. Füllen Sie den Wachsschaum schichtweise in Formen oder verwenden Sie ihn wie Zuckerguss zum Überziehen von fertigen Kerzen.

Auch mit Farben können Sie experimentieren, indem Sie kleine Mengen gefärbtes Wachs oder Farbpulver zugeben. Manche Kerzen bekommen dadurch einen Marmoreffekt.

EISKERZEN

Wachs und Wasser mischen sich nicht. Wie kann man dennoch eine „Eiskerze" machen? Die hier gezeigten Exemplare enthalten einen festen Kern aus reinem Wachs, sind aber von einer löchrigen zweiten Wachsschicht umhüllt. Beim Abbrennen ergibt sich dadurch ein schöner Effekt.

SIE BRAUCHEN:

◆ Grundausrüstung zum Kerzengießen ◆ gezogene Kerze als Kern ◆ Paraffin und Stearin ◆ 1 % mikrokristallines Wachs, weich ◆ 1 % Zusatzpulver ◆ Farbstoffe ◆ zylindrische Gussform ◆ Eis ◆ starke Plastiktüte ◆ Hammer ◆ Gefäß für das geschmolzene Eis ◆ Kitt zum Abdichten

Sie benötigen eine unten vollkommen dichte Gussform. Ideal ist beispielsweise eine aufgeschnittene Waschmittelflasche.

1. *Paraffin, Stearin, mikrokristallines Wachs und Farbe schmelzen und direkt in einem alten Topf auf 104 °C erhitzen. Wegen der hohen Temperatur bitte besonders vorsichtig arbeiten!*

2. *Langsam und vorsichtig das Pulver zugeben, dabei ständig rühren, bis es geschmolzen ist, das dauert eine Weile. Zusatzpulver und mikrokristallines Wachs machen die Kerze fester und erlauben besonders bizarre Formen, sie sind aber nicht unbedingt nötig.*

3. *Die Gussform etwa 2 cm hoch mit Wachs füllen und die gezogene Kerze genau in die Mitte stellen. Festhalten, bis das Wachs etwas gehärtet ist und die Kerze aufrecht steht.*

4. *Das Eis in den Plastikbeutel füllen und zerschlagen. Die Stücke dürfen nicht zu klein werden.*

Eisstücke locker in die Gussform füllen. Wachs auf 99 °C erhitzen und ebenfalls einfüllen.

5. *Die Kerze aushärten lassen und vorsichtig aus der Form nehmen, am besten über einer großen Schüssel oder dem Ausguss, damit das Wasser – das Eis ist mittlerweile geschmolzen – ablaufen kann. Das obere Ende der Kerze vorsichtig mit einem heißen Messer abschneiden, so dass noch genügend Docht stehen bleibt.*

6. *Abschließend nachprüfen, ob sich noch Wasser im Inneren befindet. Dazu mit der Nadel kleine Löcher durch den Rand stechen und eventuell gefangenes Wasser abfließen lassen.*

SANDKERZEN

Früher, als noch viel mehr Kerzen benötigt wurden, gossen die Leute in Küstenregionen das Wachs direkt in den Sand und ersparten sich dadurch eine Gussform. Heute wirken solche Sandkerzen besonders urtümlich.

Seestern-Kerze

SIE BRAUCHEN:

◆ Grundausrüstung zum Kerzengießen ◆ Sand ◆ Eimer oder große Schüssel ◆ Modell für die Form (in unserem Beispiel die Schablone 8 im Anhang des Buches, auf die gewünschte Größe vergrößert)

1. *Sand in den Eimer oder die Schüssel füllen. Er sollte leicht feucht sein, um die Form zu halten.*

2. *Schablone fest in den Sand drücken und vorsichtig wieder herausnehmen. Es ergibt sich ein genauer Abdruck.*

3. *Wachs im Topf direkt auf der Herdplatte auf mindestens 127 °C erhitzen. Je heißer es ist, desto mehr Sand bleibt an der fertigen Kerze hängen. Farbe zum Wachs geben, in die vorbereitete Gussform füllen und abkühlen lassen. Das Abkühlen dauert etwas länger, da diesmal kein Wasserbad eingesetzt werden kann.*

4. Wenn sich auf dem Wachs eine Haut bildet, den getauchten Docht in die Mitte der Kerze stecken. Er muss senkrecht stehen bleiben.

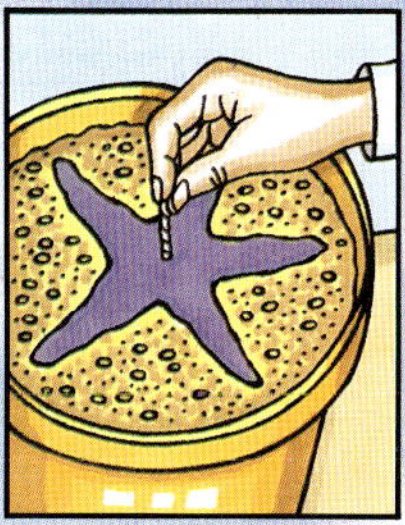

5. Nach dem Erstarren erneut mit heißem Wachs (104 °C) auffüllen und abkühlen lassen.

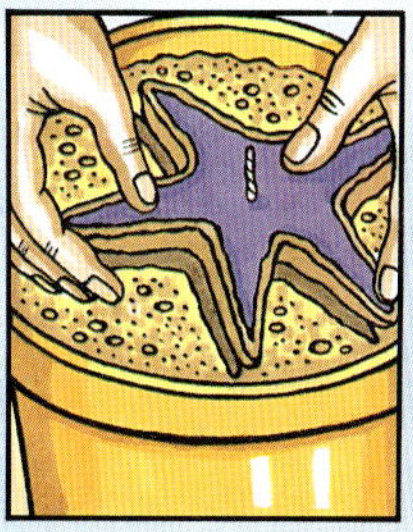

6. Kerzen einige Stunden aushärten lassen, aus dem Sand nehmen und vorsichtig abbürsten, damit sich später beim Aufstellen keine Sandkörner mehr lösen.

Dreifuß-Kerze

Kleinere Kerzen lassen sich mit einem Marmeladenglas formen.

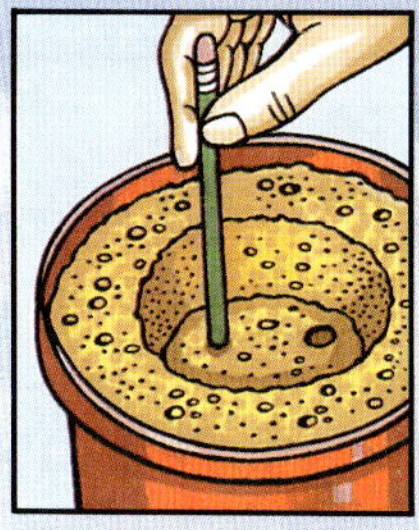

1. Glas in den Sand pressen. Es ergibt sich eine tiefe Form.

2. Glas herausnehmen und mit einem Stift drei „Füße" einstechen

3. Die Gussform wie zuvor beschrieben mit Wachs ausgießen und nach dem ersten Erstarren nachfüllen.

STRUKTURKERZEN

Wie wir bereits gesehen haben, eignen sich verschiedene Gegenstände als Gussformen für Kerzen. Ebenso ungeahnt sind die Möglichkeiten bei der Oberflächengestaltung. Plastiktüten, Alufolie, strukturierte Pappe und Tapeten mit Prägemuster lassen sich hier gut verwenden. Wenn Sie sich im Haushalt umschauen, werden Sie viele Hilfsmittel entdecken.

SIE BRAUCHEN:

◆ Grundausstattung zum Kerzengießen ◆ selbst gemachte Kegel-Gussform (Schablone 1 im Anhang) ◆ Paraffin und Stearin ◆ Docht ◆ Dochtkitt ◆ Wachsfarbe ◆ Kreppband ◆ Gefäß als Stütze für die Gussform

1. *Mithilfe der Schablone aus Tapete eine kegelförmige Gussform zurechtschneiden und nach der Anleitung von Seite 13 fertig stellen. Sorgfältig den Docht einpassen, so dass er genau in der Mitte steht. Gussform in ein Glas stellen.*

2. *Stearin im Wasserbad schmelzen, Farbe zufügen und gut verrühren. Paraffin beigeben und die Mischung auf 71 °C erhitzen.*

3. *Wachs vorsichtig in die Form gießen und abkühlen lassen. Das beim Erstarren entstandene Loch rund um den Docht mit heißem Wachs auffüllen.*

4. *Wenn die Kerze komplett durchgehärtet ist, die Papierform abnehmen. Die schön strukturierte Oberfläche kann nach Belieben zusätzlich mit Farbe bemalt werden (Gestaltungsmöglichkeiten sind auf Seite 36/37 beschrieben).*

Verschiedene Materialien lassen sich zum Strukturieren von Kerzen verwenden.

Schöne Beispiele von Strukturkerzen

Um Kerzen zu strukturieren, können Sie auch eine normale Gussform innen mit strukturiertem Papier auskleiden. Bringen Sie das Strukturmaterial an, bevor Sie den Docht einziehen. Das Wachs wird auf die übliche Art eingegossen.

Kerzen in Plastiktüten

1. *Zunächst Wasser in die Plastiktüte füllen, um zu prüfen, ob sie Löcher hat. Anschließend gut austrocknen, bevor Wachs eingefüllt wird.*

2. *Plastiktüte in ein Glas mit entsprechend großem Durchmesser geben. Ränder der Tüte über den Glasrand stülpen und mit einem Gummiband fixieren, so dass die Tüte beim Gießen nicht absacken kann.*

3. *Wachs im Wasserbad schmelzen (71 °C) und mit der Farbe mischen. Etwas abkühlen lassen – bis sich eine feine Haut auf der Wachsoberfläche bildet. Vorsichtig*

etwas Wachs in die Plastiktüte gießen. Wenn die Tüte stark genug ist und nicht schmilzt, weiteres Wachs einfüllen und etwas erhärten lassen. Die Tüte aus dem Glas nehmen, solange das Wachs noch lauwarm und weich ist, Tüte mit einem Gummiband verschließen.

4. *Nun lässt sich das Wachs mit den Händen noch leicht in die gewünschte Form bringen.*

5. *Wenn Sie mit der Form zufrieden sind, Tüte mit Wachs in kaltes Wasser halten und erhärten lassen. Sobald es starr ist, Gummiband abnehmen und Plastiktüte vorsichtig abziehen. Mit der Nadel eine Röhre für den Docht stechen. Getauchten oder mit Metallkern versehenen Docht durchziehen. Die Standfläche der Kerze glätten.*

Ähnlich lassen sich Kerzen auch in Alufolie gießen. Hier gibt ein Eimer Sand der Form genügend Festigkeit. Drücken Sie die gewünschte Form vorher mit den Händen vor. Die restlichen Arbeitsschritte führen Sie so aus, wie oben beschrieben.

VERZIERUNGEN

Auf viele Arten lassen sich selbst gemachte Kerzen zusätzlich dekorieren und verschönern. Schabloniertechnik, Auftrag von Wolkenmustern mit dem Schwamm, Bemalen, Schnitzen und Betropfen sind nur ein paar der Möglichkeiten. Kerzen für besondere Gelegenheiten bekommen hierdurch eine individuelle Note. Probieren Sie verschiedene Techniken am besten auf einer schlichten, einfarbigen Kerze mit Plakatfarbe aus. Auch gekaufte Kerzen können Sie selbstverständlich verschönern. Vorlagen für einige Muster finden Sie im Anhang des Buches.

Schabloniertechnik

SIE BRAUCHEN:

Schablone ◆ Messer oder Cutter ◆ Kreppband ◆ Farben ◆ Spülmittel ◆ kleinen Schwamm ◆ Hilfsmittel und Wachs zum Tauchen

1. *Gewünschte Form auf Karton übertragen und mit dem Cutter ausschneiden (feste Unterlage verwenden).*

2. *Schablone ganz um die Kerze wickeln und mit Kreppband festkleben.*

3. *Farbe mit wenig Wasser und einigen Tropfen Spülmittel anrühren. Sie sollte eine cremige Konsistenz haben. Mit einem kleinen Schwamm dünne Farbschichten auf die Schablone tupfen. Interessanter wird das Design, wenn Sie mehrere Farben nebeneinander verwenden.*

Durch zusätzliche Farbe werden einfache Kerzen zu wahren Schmuckstücken.

4. *Wenn die Farbe getrocknet ist, das Kreppband und die Schablone vorsichtig abnehmen.*

5. *Nun muss das Muster versiegelt werden. Paraffin im Wasserbad auf 93 °C erhitzen. Kerze am Docht festhalten und für einige Sekunden ins flüssige Wachs tauchen, anschließend trocknen lassen.*

Wolkenmuster

SIE BRAUCHEN:

◆ Farbe ◆ Spülmittel ◆ kleinen Schwamm ◆ Wachs und Zubehör zum Eintauchen

1. *Farbe wie zuvor beschrieben mischen und vorsichtig mit einem Schwamm auf die Kerze tupfen, dabei dürfen keine Pigmente an den Docht gelangen.*

2. *Weitere Farben auswählen und ebenfalls auftupfen, bis sich ein ansprechendes Wolkenmuster ergibt. Besonders festliche Kerzen erhalten auch einen Hauch von Goldfarbe. Die getrockneten Farben mit einer dünnen Wachsschicht überziehen.*

Bemalen

SIE BRAUCHEN:

◆ Farben ◆ Spülmittel ◆ feinen Haarpinsel ◆ Wachs und Zubehör zum Eintauchen

1. *Zum Bemalen die Farben wie bei der Schabloniertechnik beschrieben mischen, allerdings sollten sie etwas dünnflüssiger sein. Dann mit einem feinen Pinsel nach Belieben Muster auf die Kerze malen und nach dem Trocknen mit Wachs überziehen. Anregungen für ansprechende Designs finden Sie auf Stoffen, Tapeten und in Zeitschriften. Schlichte, unregelmäßige Muster sind leicht zu malen und wirkungsvoll. Hilfreich ist es, vor dem Malen das Muster auf einem Stück Papier zu skizzieren.*

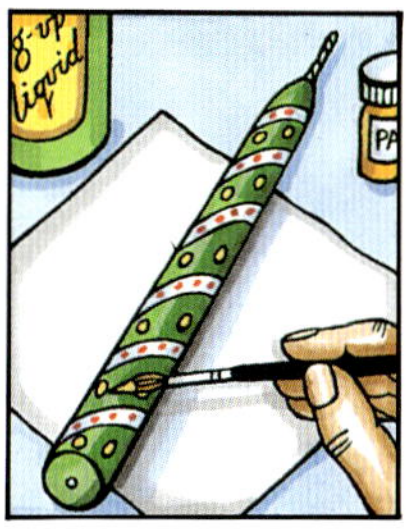

3. *Sie können auch Ihren Namen oder einen Spruch in die Kerze schnitzen und die Buchstaben durch Farbe hervorheben.*

4. *Strukturkerzen lassen sich ebenfalls mit etwas Farbe zusätzlich gut verzieren. Die Muster treten dann noch stärker hervor.*

Wachsmuster

Durch Auftropfen oder Begießen mit andersfarbigem Wachs werden besonders pastellfarbene Kerzen verschönert. Kippen Sie es von oben über die Kerze, so dass es an allen Seiten hinunterläuft. Oder lassen Sie es schräg in einer Spirale um die Kerze laufen. Bitte bei dieser Technik sehr vorsichtig mit dem heißen Wachs hantieren und viel Zeitungspapier bereitlegen, um Tropfen aufzufangen.

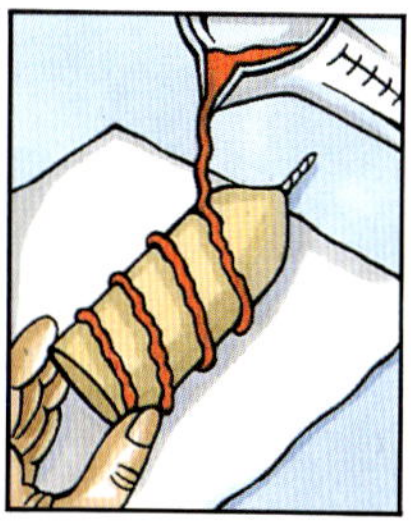

KERZEN SCHNITZEN

Das relativ weiche Wachs lässt sich leicht schneiden, so können Sie durch Schnitzen die Oberflächen der Kerzen verändern. Bei Kerzen, die aus mehreren Schichten aufgebaut sind, kommt dabei die Farbe des Kerns hervor. Zusätzlich können Sie die Kerze noch bemalen. Entweder wird die Kerze vor dem Schnitzen mit einer zusätzlichen Wachsschicht überzogen oder mit einem andersfarbigen Kern versehen.

SIE BRAUCHEN:

◆ Grundausstattung zum Kerzengießen ◆ Wachs zum Kerzengießen und Farbe für einen farbigen Wachsüberzug ◆ scharfes Messer oder Cutter ◆ Mustervorlagen, z. B. die Schablonen im Anhang des Buches

Tauchmethode

Eine gegossene Kerze (weiß oder bunt) wird mit einer kräftig eingefärbten, dünnen Wachsschicht überzogen. Wenn diese trocken ist, kann die Kerze mit einem Cutter, Messer oder Linolschneidemesser eingeschnitzt werden. Die Muster sollten mit einem Bleistift oder einer Nadel vorher markiert werden. Wenn die äußere Wachsschicht abgehoben wird, kommt die ursprüngliche Kerze zum Vorschein. Kerze bitte in einem warmen Raum und in kleinen Etappen bearbeiten, damit das Wachs nicht bricht.

Kernmethode

Gießen Sie weißes oder leicht gefärbtes Wachs in eine vorbereitete Form und lassen Sie die Oberfläche leicht antrocknen. Innen ist das Wachs noch flüssig. Es wird vorsichtig wieder ausgegossen, nur die Außenwände bleiben in der Form haften. Das Innere wird nun mit kräftig getöntem Wachs einer anderen Farbe neu angefüllt (82 °C) und in einem Behälter mit Wasser abgekühlt.

Die vollständig ausgehärtete Kerze wird aus der Form genommen und durch die äußere Wachsschicht so angeschnitten, dass der andersfarbige Kern sichtbar wird.

Die geschnitzten Kerzen wirken beim Abbrennen besonders geheimnisvoll.

HÄMMERMUSTER

Gleichsam graviert oder gepunzt wirkt die Kerzenoberfläche mit dieser neuen Methode. Stark gefärbte Kerzen werden damit auf einfache Art dekoriert. Verwenden Sie Punzhämmer, Nägel, Metallpunzen oder sonstige harte Gegenstände, die sich leicht ins Wachs drücken. Größere Gegenstände ergeben klare Muster, kleinere filigrane, spitzenartige Designs. An einigen der Beispiele auf diesen Seiten wurden beide Musterarten verwendet.

SIE BRAUCHEN:

◆ gegossene Kerze in kräftiger Farbe ◆ zwei Hämmer, einer davon mit runder Kuppe ◆ Punzen ◆ Nägel

1. *Kerze auf den Schoß legen, damit sie einen sicheren Halt hat.*

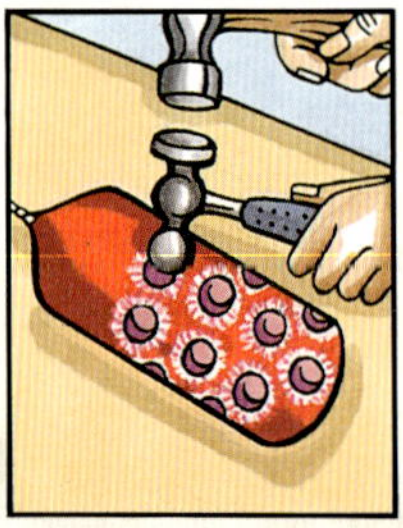

2. *Die abgerundete Kuppe des Hammers auf die Kerze legen. Mit dem zweiten Hammer einmal kräftig darauf schlagen, so dass sich eine kleine Grube ins Wachs drückt.*

3. *Vorgang wiederholen und dabei ein regelmäßiges Muster bilden. Eventuell mit Nägeln oder anderen Gegenständen weitere Muster einarbeiten.*

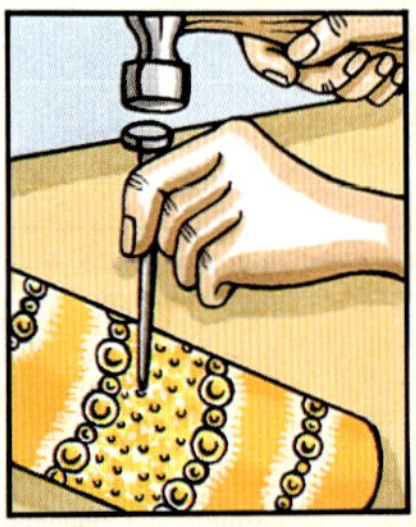

Zum Anbringen von Hilfslinien rund um die Kerze – damit das Muster gleichmäßig wird eignet sich ein Markiergerät, wie es beim Holzschnitzen verwendet wird.

Einfache Muster entstehen mit einer einzigen Punze. Raffinierte Designs werden aus mehreren Formen zusammengesetzt.

KERZENBEHÄLTER

Mit Glasmalfarben bemalte Marmeladengläser ergeben ausgezeichnete Behälter für Kerzen – ob Sie nun das Glas ganz mit Wachs füllen, ein kleines Teelicht hineinstellen oder es halb mit Wasser füllen und eine Schwimmkerze hineinlegen. Aber auch ausgefallene Behältnisse, wie große Muschelschalen und alte Blumentöpfe (siehe Seite 44), lassen sich gut als Kerzenbehälter einsetzen.

Der Haushalt liefert zahlreiche interessante Behälter für Kerzen.

GARTENKERZEN

An lauen Sommerabenden nach Sonnenuntergang gibt es nichts Schöneres als einen von Kerzen erleuchteten Garten. Von einfachen Blechdosen bis zu eleganten hängenden Kokosschalen eignen sich viele Behältnisse für Gartenkerzen. Hier kommt es auch nicht so genau auf die Dochtdicke an. Größere Dochte ergeben schöne große Flammen und etwas Rauch stört im Freien nicht.

Kerze im Blumentopf

SIE BRAUCHEN:

◆ einen mittelgroßen oder kleinen Blumentopf ◆ Kreppband oder Dochtkitt ◆ Docht mit Metallkern ◆ Grundausstattung zum Kerzengießen

1. *Topf, wenn nötig, reinigen. Wasserabzugsloch mit Kitt oder Kreppband abdichten. Etwa 5 cm hoch geschmolzenes Wachs einfüllen und erstarren lassen. Dadurch wird das Loch vollständig abgedichtet.*

2. *Nach etwa zwanzig Minuten restliches Wachs erhitzen und bis 1 cm unter den Blumentopfrand auffüllen. Stehen lassen, bis sich eine Haut bildet.*

3. *Den Docht mitten in die Kerze stecken und nicht verrutschen. Er muß so lang sein, dass er bis auf den Boden des Blumentopfes reicht.*

4. *Den Topf in den Kühlschrank stellen, damit das Wachs schneller erhärtet. Anschließend erneut Wachs aufgießen, bis der Topf ganz gefüllt ist.*

Die Blumentöpfe können Sie zusätzlich mit Schablonenmuster oder einem schnellen Anstrich in Ihrer Lieblingsfarbe verzieren.

Weitere Ideen für Gartenkerzen

Aus Kokosschalen lassen sich interessante Hängekerzen zaubern. Die vom Fleisch befreiten Schalen mit etwas Alufolie auskleiden, damit sie nicht Feuer fangen. In den oberen Schalenrand drei Löcher bohren und aus stabilem Draht eine Aufhängung anbringen. Wie gewohnt heißes Wachs und Docht einfüllen.

Achtung: Die Drähte können durch die Flamme sehr heiß werden, deshalb darauf achten, dass die Befestigung (Bäume etc.) kein Feuer fangen kann. Grundsätzlich gilt, dass alle Behältnisse hitzebeständig sein müssen, damit beim Abbrennen der Kerzen keine Pannen passieren.

Gartenkerzen hüllen den ausklingenden Sommerabend im Garten in romantisches Licht.

KERZENGALERIE

Dieses Buch hat gezeigt, wie einfach und kurzweilig das Kerzenmachen sein kann. Wir würden uns freuen, wenn Sie viele Anregungen selbst verwirklichten. Die dargestellten Techniken sind natürlich nur der Anfang. Sobald Sie mit den Grundschritten vertraut sind, werden Sie der Phantasie freien Lauf lassen. Wenn das Ergebnis einmal anders als geplant ausfällt, macht es auch nichts. „Fehler" regen oft zu neuen Ideen an. Ist es nicht herrlich, im dämmrigen Raum vor einer selbst gemachten Kerze zu sitzen und in die Flamme zu schauen? Für uns ist die Kerze erst perfekt, wenn sie mit einem passenden Ständer ausgestattet ist und brennt.

Zum Schluss zeigen wir noch einige Kerzen, die nach den Techniken aus diesem Buch gefertigt wurden, in ihrer ganzen Pracht.

Anmerkung

Material zum Kerzengießen erhalten Sie in guten Bastelläden. Rohstoffe liefern außerdem der Großhandel sowie Spezialgeschäfte für Wachsprodukte und Imkereibedarf.

Alle in diesem Buch vorgestellten Kerzen stammen von den Autoren Paul Wallett, Ian Gill und Michelle Osborne.

DANKSAGUNG

Verlag und Autoren bedanken sich für Beiträge bei Dave Goodman und Donald Sommerville sowie bei Angelic (6 Neal Street, London) für die freundliche Bereitstellung fast aller Kerzenhalter.

Die Fotos stammen von Chris Linton.

Schablone 1

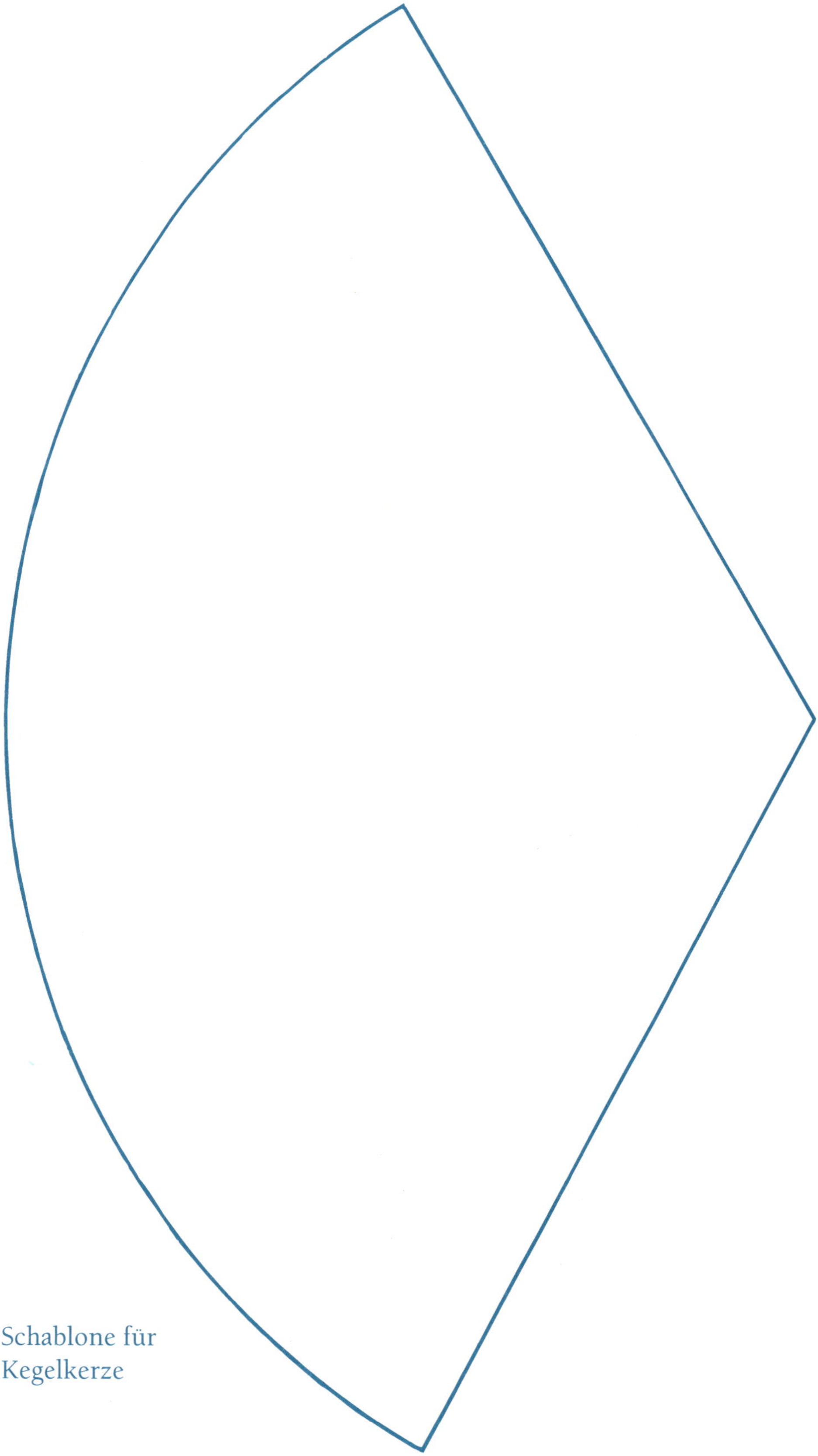

Schablone für
Kegelkerze

Schablone 2

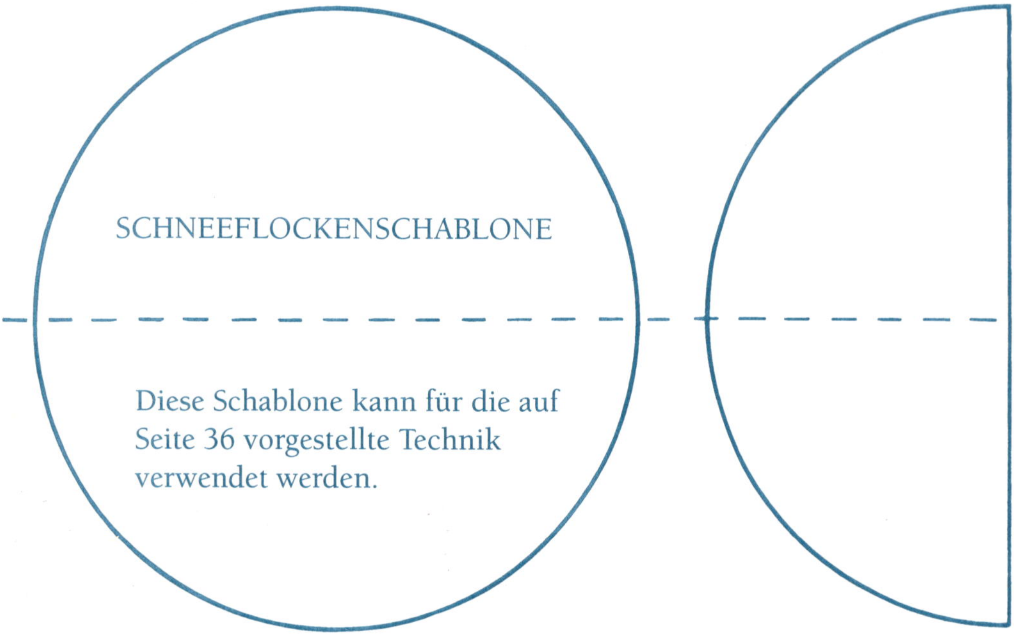

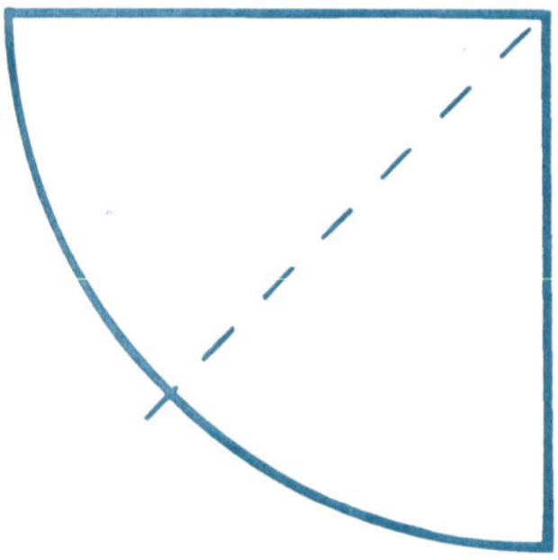

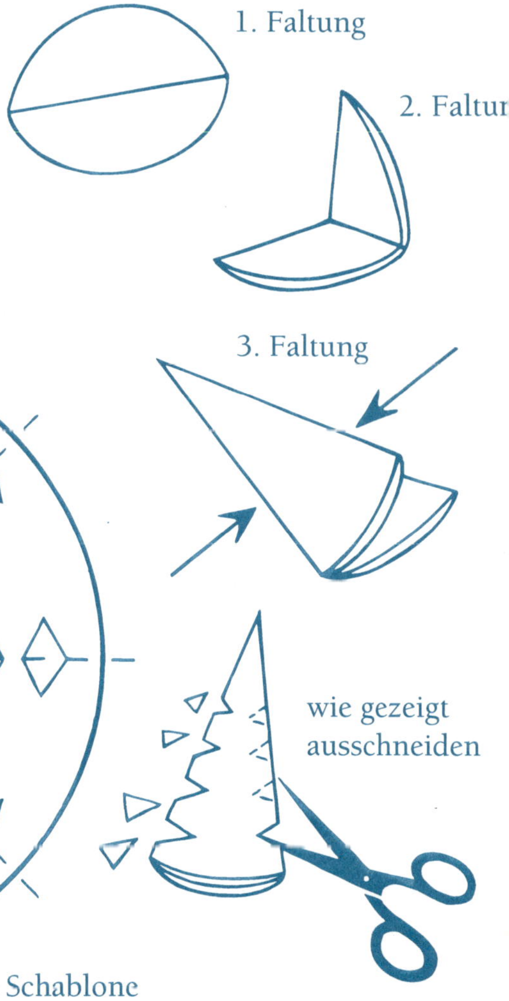

fertige Schablone

Schablone 3

STERNSCHABLONE

Schablone auf flexiblen Karton übertragen, ausschneiden, um die Kerze legen und mit Kreppband befestigen. Sie können die Sterne entweder einfärben (siehe Seite 36) oder vorsichtig mit dem Messer schnitzen (siehe Seite 38).

Schablone 4

Schablone 5

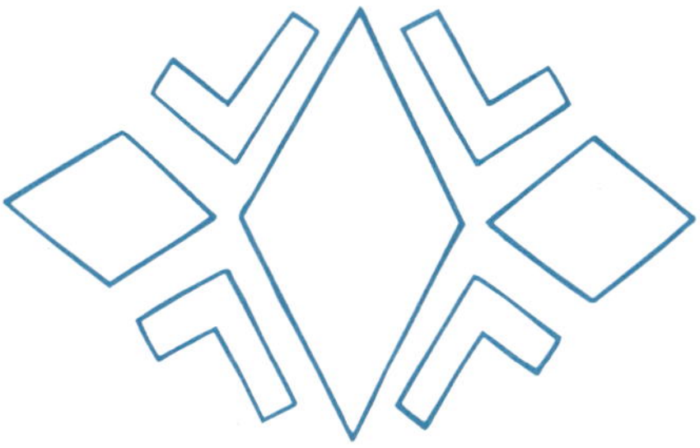

Schablone 6

Schablone 7

Schablone 8